Mein lustiges Suchbuch
IM WALD

Claire Stamper

ULLMANN

Die Lösungen findest du auf den Seiten 73–80.

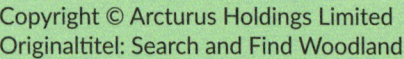

Copyright © Arcturus Holdings Limited
Originaltitel: Search and Find Woodland

Illustrationen: Claire Stamper
Text: Gemma Barder
Gestaltung: Square and Circus
© dieser Ausgabe: Ullmann Medien GmbH,
Rolandsecker Weg 30, 53619 Rheinbreitbach
Übersetzung und Satz: Anke Wellner-Kempf
Lektorat: Holger Möhlmann
Coveradaption: Sabine Brand
Gesamtherstellung: Ullmann Medien GmbH, Rheinbreitbach
Alle Rechte vorbehalten.

10 9 8 7 6 5 4 3 2 1
ISBN 978-3-7415-2591-9
www.ullmannmedien.com

Wie viele Hirsche
haben rote
Backen?

Welcher
Hirsch ist am
kleinsten?

Welcher Hirsch hat
einen Leckerbissen
gefunden?

Welcher Hirsch
hört Musik?

Kannst du in dieser Eiche 24 Eicheln finden?

Suche drei Rotkehlchen.

Welches Tier schläft tief und fest?

Wie viele Eichhörnchen kannst du sehen?

5

Finde fünf umherflitzende Eichhörnchen.

Wie viele Igel kannst du zählen?

Siehst du drei rosa Kaninchen?

Hier sind sechs Siebenschläfer. Entdeckst du sie alle?

Findest du den Schmetterling mit zwei unterschiedlichen Flügeln?

Welcher Schmetterling trägt einen Rucksack?

Zwei Schmetterlinge haben Sterne auf den Flügeln. Findest du sie?

Welche drei Schmetterlinge haben genau das gleiche Muster?

Welcher Vogel taucht unter Wasser?

Welcher Frosch hat gerade sein Mittagessen gefangen?

Entdecke die vier blauen Libellen.

Findest du die Schlange, die sich durch das Schilf schlängelt?

Welche Igel haben sich zur Kugel aufgerollt?

Findest du die vier Igel, die ihre Stacheln mit Blumen geschmückt haben?

Wie viele Igel tragen Stiefel?

Welche zwei Igel sind die besten Freunde?

Findest du drei Schnecken mit einem blauen Schnecken-haus?

Folge der Schneckenspur durch das Blatt!

Kannst du eine lila Raupe finden?

Wie viele Spinnen kannst du zählen?

Welche Kröte hat blaue Augen?

Welcher Frosch hat einen Regenschirm?

Findest du vier gleiche Froschpaare?

Wie viele Kröten springen ausnahmsweise?

14

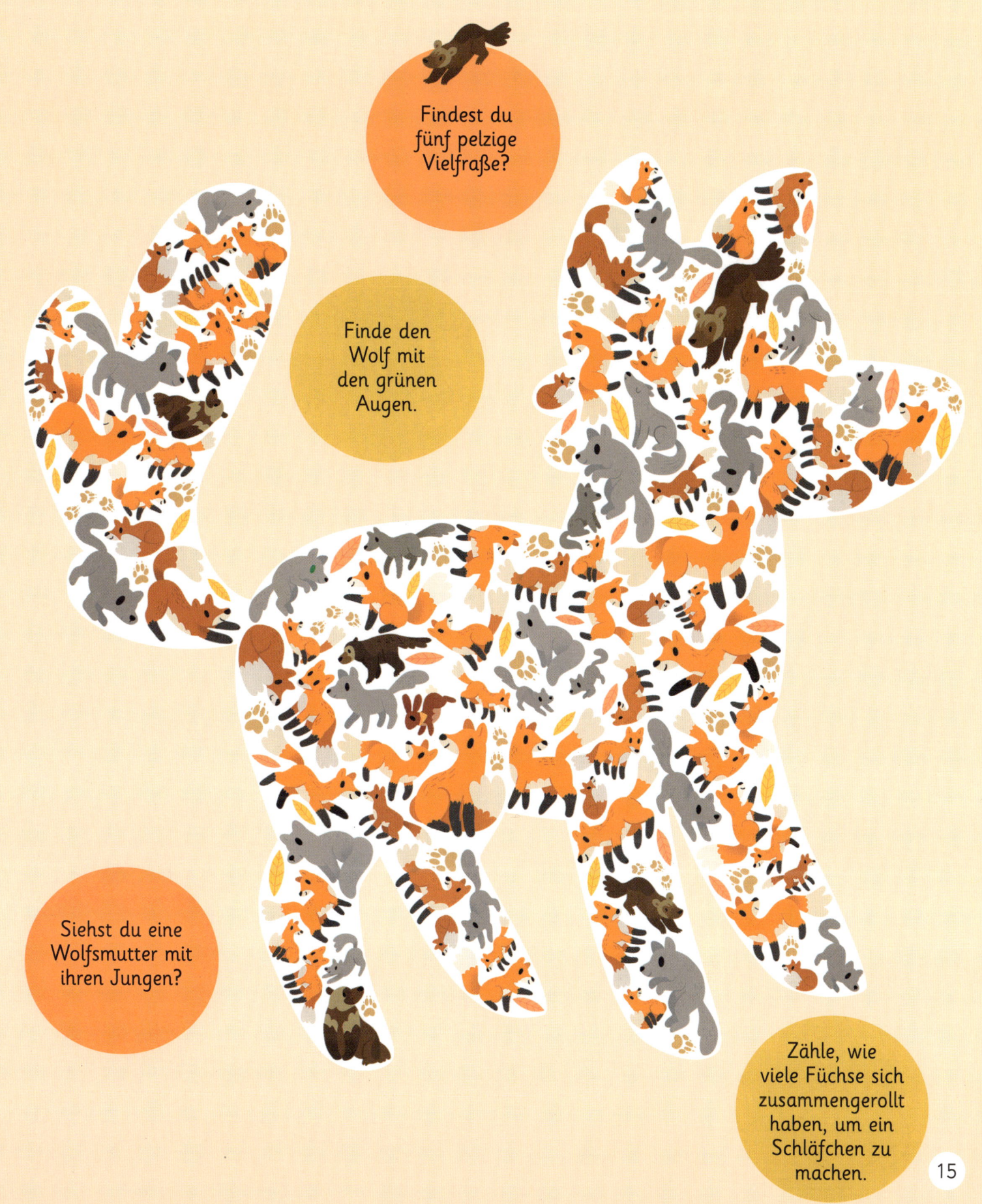

Findest du fünf pelzige Vielfraße?

Finde den Wolf mit den grünen Augen.

Siehst du eine Wolfsmutter mit ihren Jungen?

Zähle, wie viele Füchse sich zusammengerollt haben, um ein Schläfchen zu machen.

Finde die zwei Hasen, die Klee futtern.

Entdeckst du den Hasen, der gerade in seinem Bau verschwindet?

Welches Hasenmädchen schreibt der Freundin eine Nachricht?

Welcher Hase döst zwischen den Blumen?

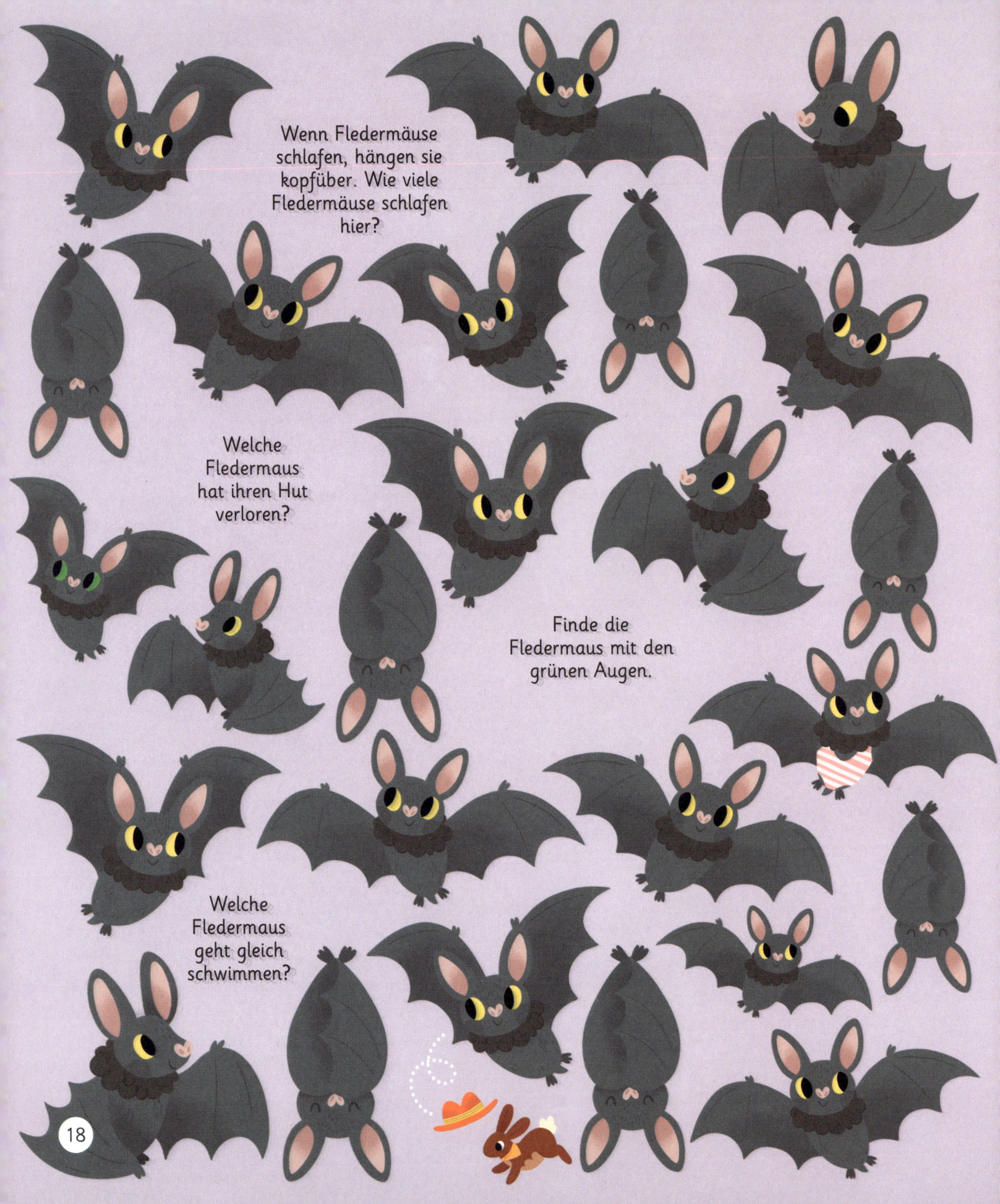

Wenn Fledermäuse
schlafen, hängen sie
kopfüber. Wie viele
Fledermäuse schlafen
hier?

Welche
Fledermaus
hat ihren Hut
verloren?

Finde die
Fledermaus mit den
grünen Augen.

Welche
Fledermaus
geht gleich
schwimmen?

18

Entdecke das Stinktier mit dem ungewöhnlichen Schwanz.

Wie viele Streifenhörnchen-paare siehst du, die kuscheln?

Drei Dachse gehen gleich joggen. Findest du sie?

Finde den Waschbären mit Socken.

Wie viele Bienen sind auf einer Blume gelandet?

Kannst du fünf Wespen mit grünen Fühlern entdecken?

Eine dieser Bienen hat einen Honigtopf gefunden. Kannst du sie sehen?

Finde zwei Wespen, die genau gleich sind.

Hier sind fünf
Kohlweißlinge mit
weißen Flügeln und
braunen Punkten.
Kannst du sie
finden?

Finde drei
Schmetterlingspaare
mit jeweils dem
gleichen Muster.

Eine dieser
Raupen friert ein wenig
und trägt einen Schal.
Findest du sie?

Entdecke die
Raupe, die ein
Blatt frisst.

Male ein Schneckenhaus in Regenbogenfarben aus.

Male zwei Schnecken mit genau den gleichen Farben aus.

Wie viele Schnecken tragen Hüte?

Welche Schnecke kuschelt sich an ihr Baby?

22

Welches Eichhörnchen hat die meisten Eicheln gesammelt?

An den Bäumen hängen nur noch wenige grüne Blätter. Wie viele zählst du?

Kannst du eine kleine Maus entdecken, die in einem Pilz wohnt?

Wie viele Eichhörnchen kannst du auf dem Waldboden zählen?

23

Kannst du einen
Fuchs in einer
schicken Jacke
sehen?

Drei Fuchskinder haben
ihre Eltern verloren.
Kannst du die kleinen
Füchse finden?

Suche die Füchsin mit
dem scheuen Jungen,
das sich zwischen ihren
Beinen versteckt.

Welcher Fuchs ist
in Wahrheit ein
Dackel?

Kannst du hier einen Pandabären entdecken?

Wie viele Bären haben sich einen Fisch zum Abendessen gefangen?

Finde sieben schwarze Bären, die auf ihren Hinterbeinen stehen.

Finde sechs braune Bären, die rennen.

Finde das Streifenhörnchen mit der Eiswaffel.

Welches Streifenhörnchen hat den längsten Schwanz?

Wie viele Streifenhörnchen halten Nüsse in den Pfoten?

Finde zwei Streifenhörnchen, die Fangen spielen.

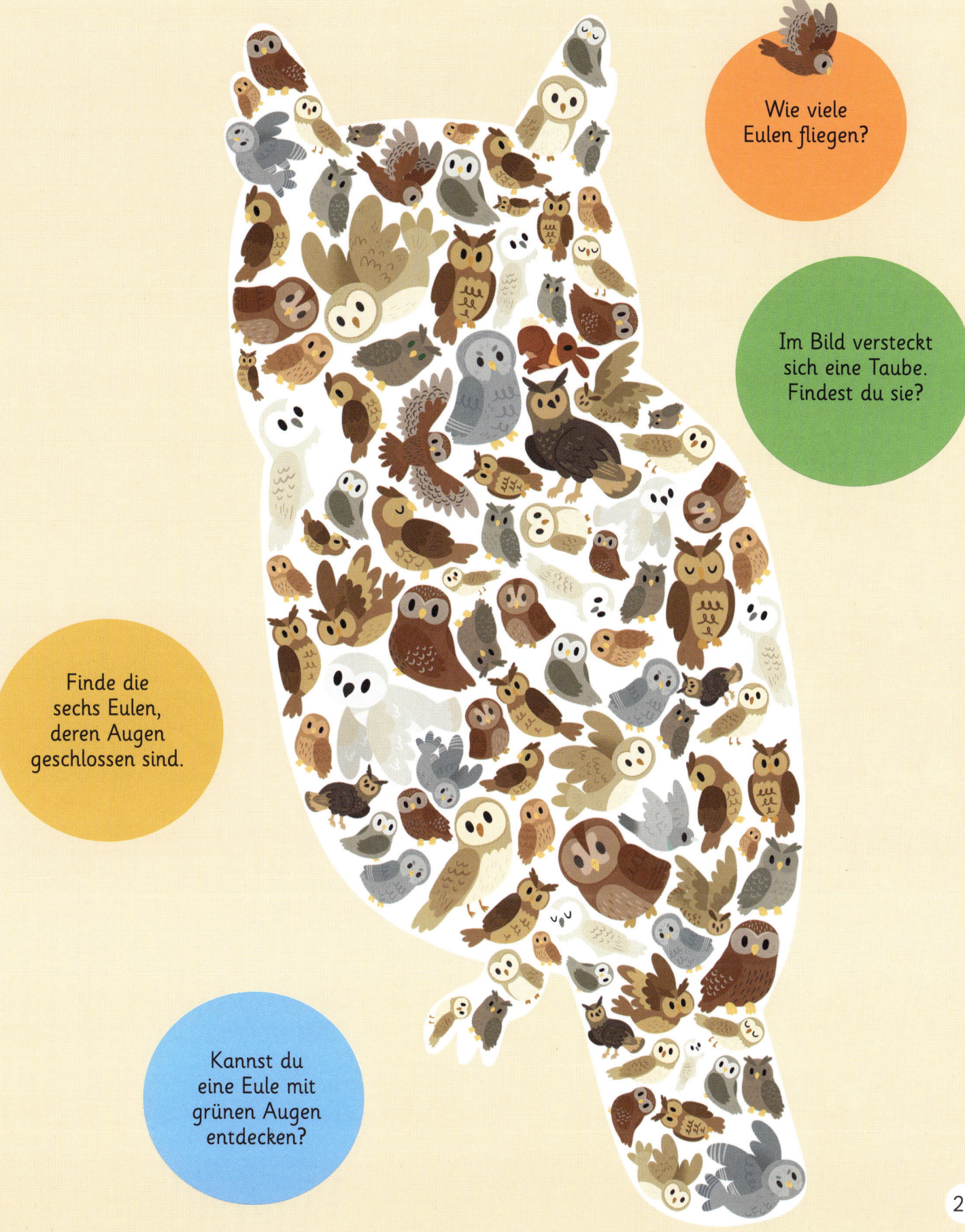

Wie viele
Eulen fliegen?

Im Bild versteckt
sich eine Taube.
Findest du sie?

Finde die
sechs Eulen,
deren Augen
geschlossen sind.

Kannst du
eine Eule mit
grünen Augen
entdecken?

Welche Farben nimmst du für deine Mäuse? Braun oder helles Lila?

Finde die Maus, die sich vor dem Regen versteckt.

Zwei Mäuse halten ein Blatt, das gleich aussieht. Kannst du sie entdecken?

Wie viele Mäuse haben eine leckere Nuss gefunden?

Findest du fünf Gänseblümchen in Blau?

Suche die Maus, die sich zwischen den Glockenblumen versteckt.

Zwei Hasen tragen einen Blumenkranz auf dem Kopf. Findest du sie?

Wie viele Bienen sind auf einer Blume gelandet?

29

Welche Spinne hat das größte Netz?

Kannst du die Spinne finden, die Punkte auf dem Rücken hat?

Wie viele Netze kannst du zählen?

Finde die Spinne mit Rollschuhen.

30

Wie viele Wölfe haben einen weißen Schwanz?

Kannst du das Rotfuchs-paar finden, das Rücken an Rücken sitzt?

Zähle die Kojoten.

Gibt es hier mehr heulende Wölfe oder mehr heulende Kojoten?

Wie viele
Frösche haben
Streifen?

Welcher
Frosch trägt
Gummistiefel?

Welcher Frosch ist der
kleinste? Male ihn am
buntesten an!

Entdecke den Frosch,
der sich unter einem
Seerosenblatt versteckt.

Welcher Hirsch rennt in die falsche Richtung?

Kannst du drei Hirsche mit Punkten auf dem Rücken entdecken?

Wie viele Hirsche haben weiße Hufe?

Finde den Hirsch, der sich als Pirat verkleidet hat.

Kannst du den Vogel mit den leuchtend blauen Augen entdecken?

Die meisten Adler haben einen weißen Kopf und einen braunen Körper. Kannst du den Adler mit dem braunen Kopf und dem weißen Körper finden?

Wie viele Vögel fliegen nicht?

Im Bild versteckt sich eine Maus. Kannst du sie entdecken?

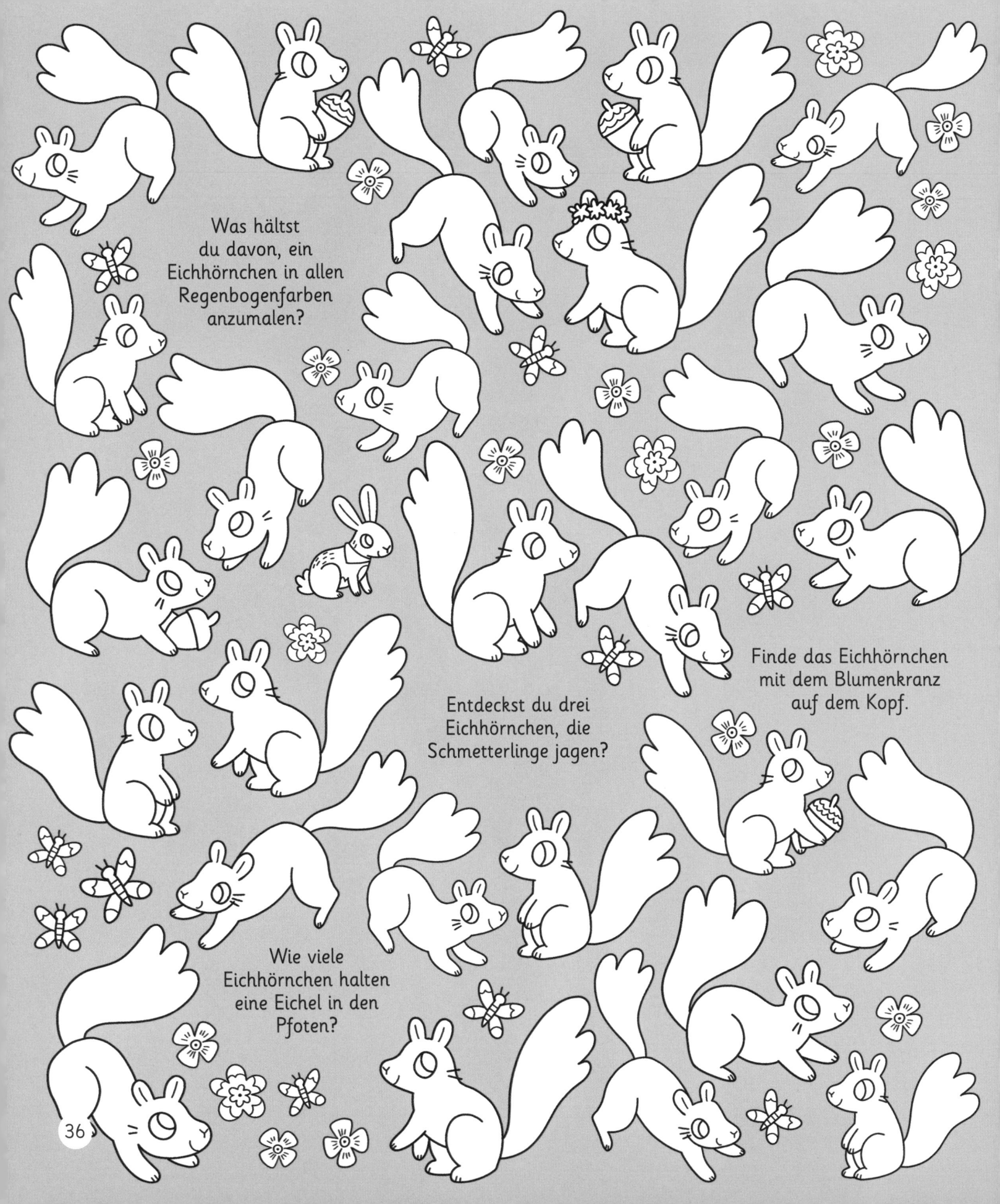

Was hältst du davon, ein Eichhörnchen in allen Regenbogenfarben anzumalen?

Finde das Eichhörnchen mit dem Blumenkranz auf dem Kopf.

Entdeckst du drei Eichhörnchen, die Schmetterlinge jagen?

Wie viele Eichhörnchen halten eine Eichel in den Pfoten?

Entdeckst du ein Hasenbaby, das mit einem Fuchskind spielt?

Mama Bär hat ihre Jungen verloren. Kannst du die beiden finden?

Finde die kleinen Küken in ihrem Versteck.

Finde das Waschbärkind, das ein Schläfchen hält.

Welche Fische
pusten Blasen?

Finde acht Fische,
die gegen den Strom
schwimmen.

Einer der Lachse
hat blaue Streifen.
Kannst du ihn
finden?

Welcher
Fisch trägt
Schwimmflügel an
den Flossen?

Finde drei Käfer mit jeweils drei Punkten.

Wie viele Mäuse schlummern unter Pilzen?

Ein Pilz ist grün. Kannst du ihn entdecken?

Die meisten Pilze haben Punkte. Finde zwei, die Sterne haben.

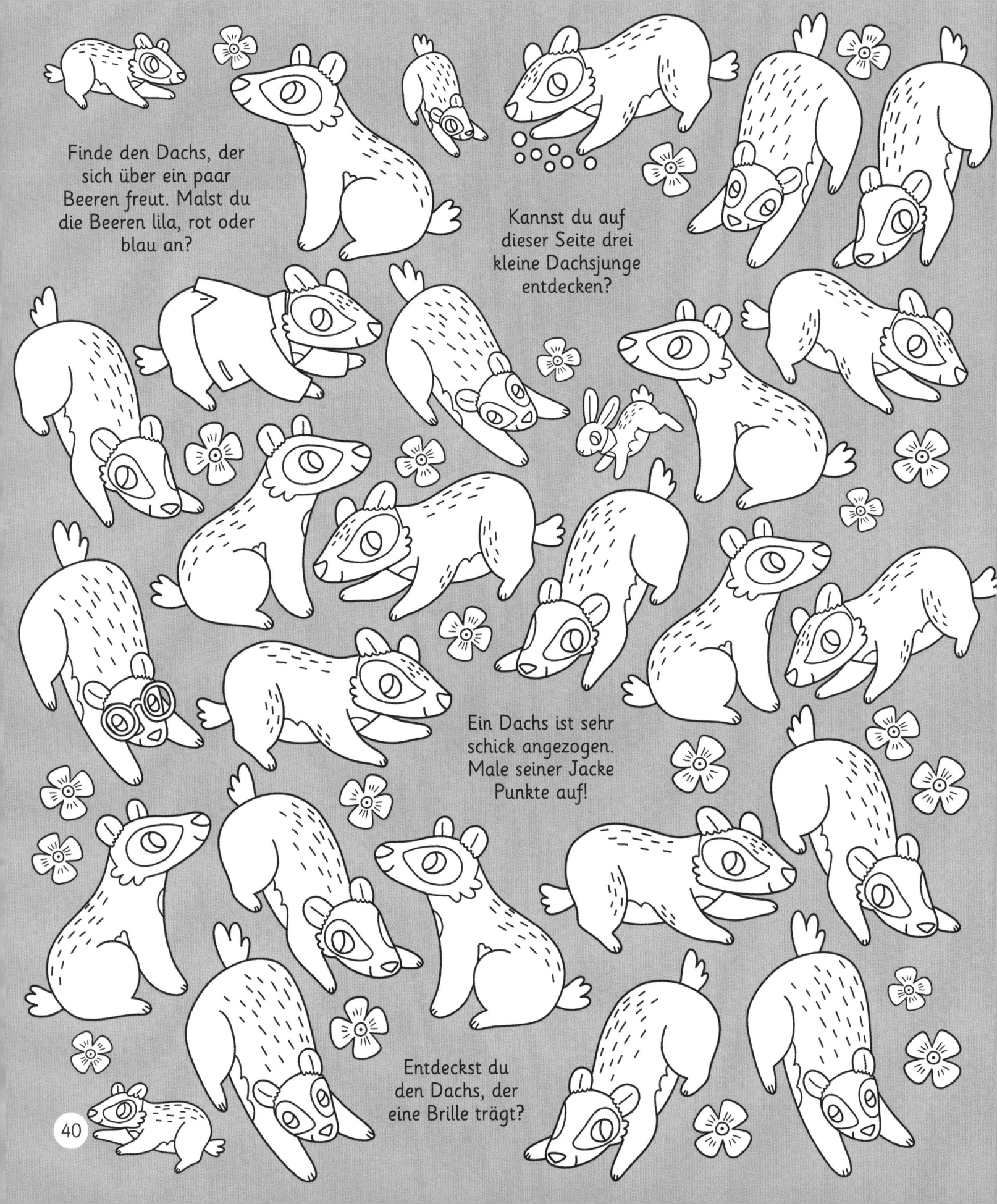

Finde den Dachs, der sich über ein paar Beeren freut. Malst du die Beeren lila, rot oder blau an?

Kannst du auf dieser Seite drei kleine Dachsjunge entdecken?

Ein Dachs ist sehr schick angezogen. Male seiner Jacke Punkte auf!

Entdeckst du den Dachs, der eine Brille trägt?

41

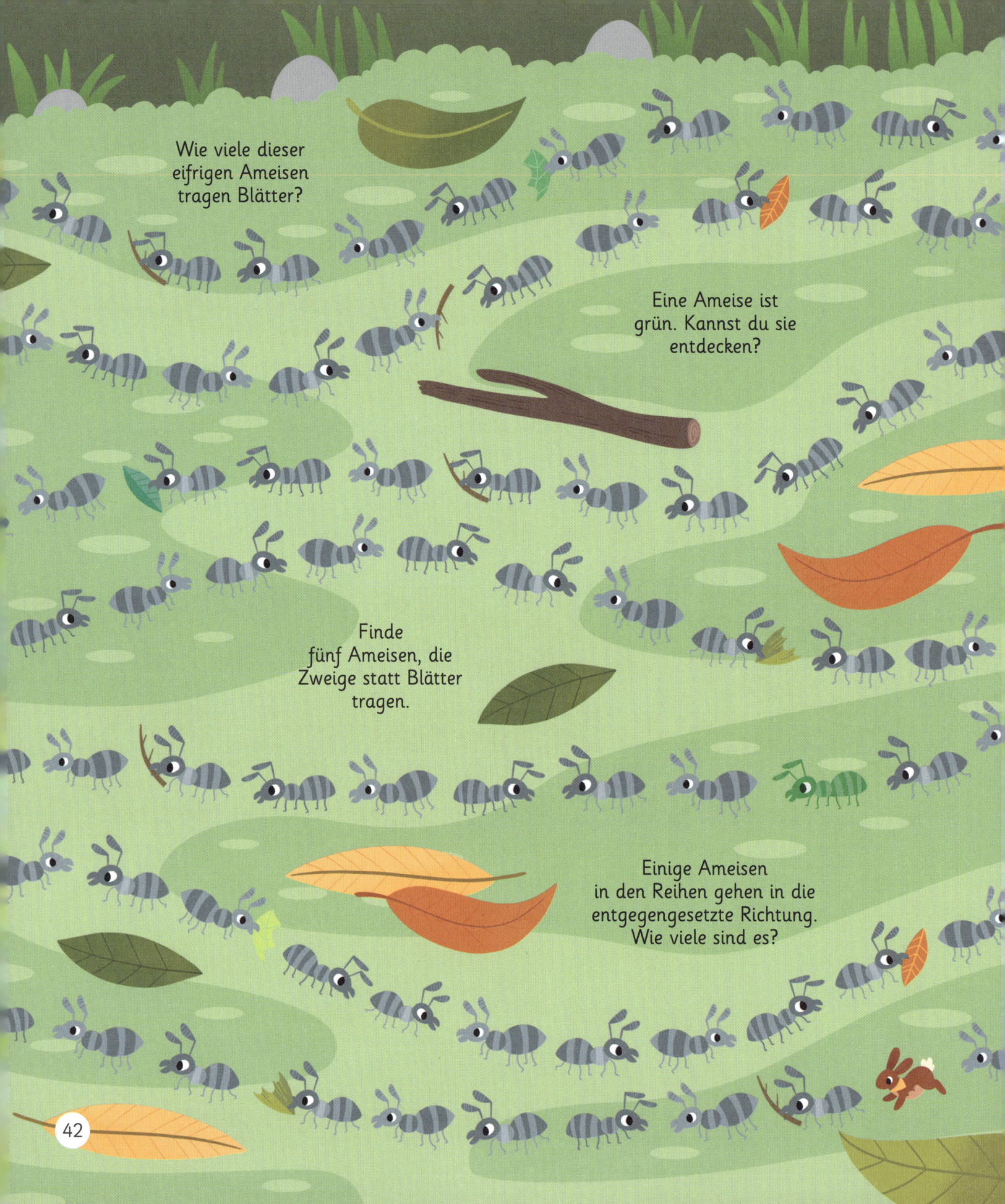

Wie viele dieser eifrigen Ameisen tragen Blätter?

Eine Ameise ist grün. Kannst du sie entdecken?

Finde fünf Ameisen, die Zweige statt Blätter tragen.

Einige Ameisen in den Reihen gehen in die entgegengesetzte Richtung. Wie viele sind es?

Wie viele
Mäuse kannst du
zählen?

Kannst du das
Eichhörnchen
entdecken, das
einen sehr hellen
Schwanz hat?

Welches
Häschen hat einem
Eichhörnchen eine
Eichel gestohlen?

Welche Mäuse
spielen Karten?

Wie viele Schmetterlinge haben lila Punkte?

Kannst du einen weißen Schmetterling mit blauen Fühlern entdecken?

Finde den kleinsten Schmetterling.

Wie viele Schmetterlinge haben ihre Flügel geschlossen?

44

Welches Eichhörnchen spielt die Ukulele?

Hier sind sieben gelbe Tulpen. Kannst du sie alle finden?

Wo ist die kleine Maus, die von Gänseblümchen umgeben ist?

Finde den Hasen, der einen Strauß Glockenblumen hält.

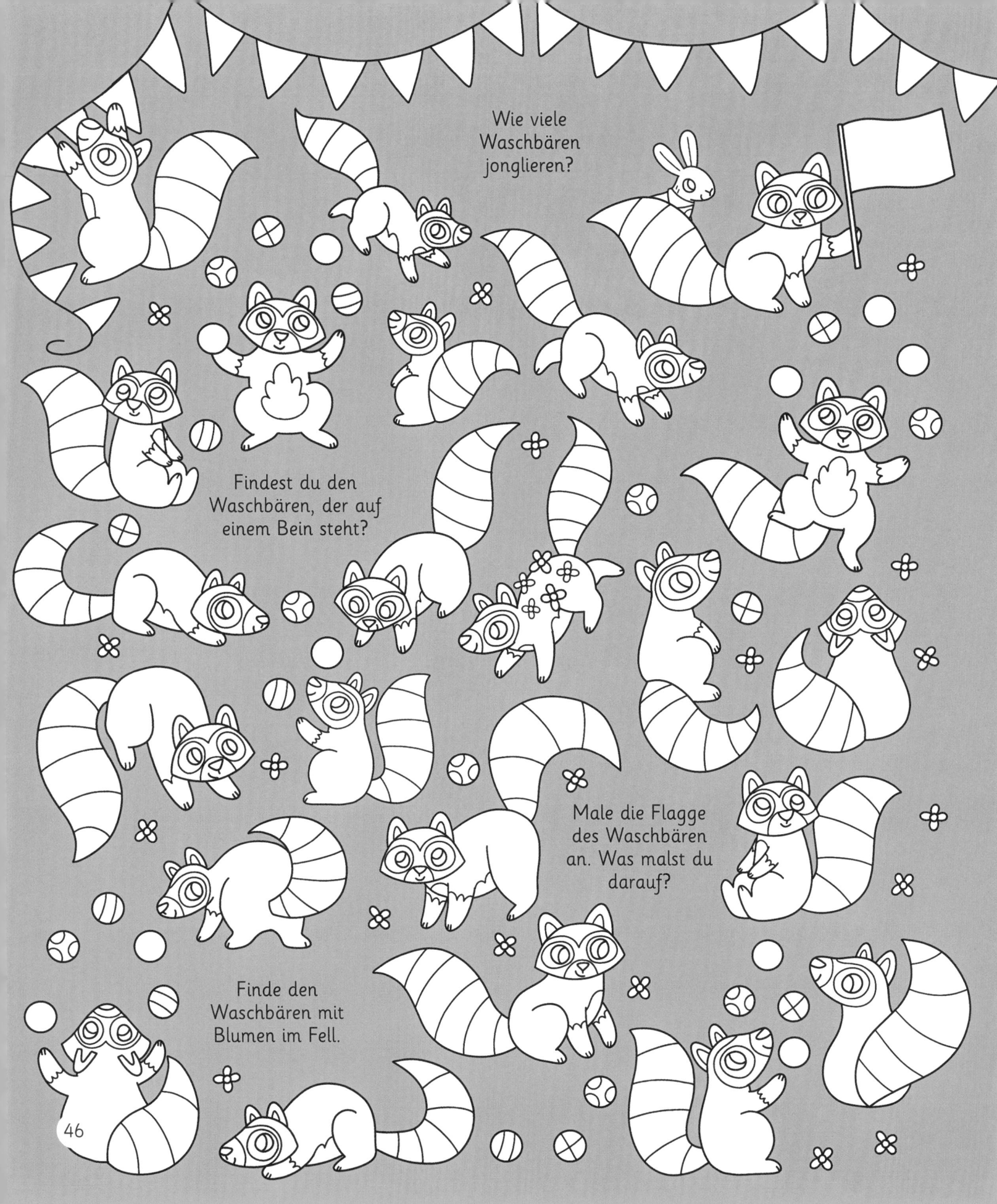

Wie viele Waschbären jonglieren?

Findest du den Waschbären, der auf einem Bein steht?

Male die Flagge des Waschbären an. Was malst du darauf?

Finde den Waschbären mit Blumen im Fell.

46

Zähle, wie viele
schwarz-weiße Hasen
auf dieser Seite sind.

Finde den Hasen,
der einen Kopfstand
macht.

Kannst du drei Hasen
entdecken, die Karotten
fressen?

Wie viele Häschen
sind braun?

48

Kannst du eine Biene finden, die Punkte statt Streifen hat?

Wie viele Wespen sitzen auf einem klebrigen Marmeladentopf?

Entdecke die gelb-weiß gestreifte Hornisse.

Finde die Biene, die auf einer Blume schlummert.

Nimm eine blaue Farbe für einen Fisch und eine grüne Farbe für einen anderen.

Finde den größten Fisch auf dieser Seite. Mit welcher Farbe malst du ihn an?

Entdecke den Fisch, der in die entgegengesetzte Richtung schwimmt.

Finde den Fisch mit einem Herz auf dem Rücken.

50

51

Wie viele Adler
haben einen schwarzen
Schnabel?

Welcher Vogel
fliegt mit dem
Kopf nach unten?

Siehst du
einen Vogel
mit blauen
Krallen?

Welcher
Vogel ist ein
Drachenflieger?

Zähle die Hirsche ohne Geweih.

Wie viele Hirsche stehen auf ihren Hinterbeinen?

Siehst du im Bild einen versteckten Hasen?

Welcher Hirsch hört Musik?

54

Wie viele Schmetterlinge haben keine Punkte auf ihren Flügeln?

Drei Schmetterlinge schlüpfen aus ihrem Kokon. Entdeckst du sie?

Suche die Raupe mit den lila Punkten.

Ein Schmetterling schaut in einen Spiegel. Kannst du ihn finden?

Wie viele Waschbären tragen eine Brille?

Zähle die Waschbären, die zwinkern.

Entdecke vier Waschbären, die nach oben schauen.

Suche die Waschbären, die ihre Zunge herausstrecken.

Sieben
Fledermäuse
hängen kopfüber.
Kannst du sie alle
finden?

Entdecke
den Igel, der
Stiefel trägt.

Kannst
du eine Eule
entdecken, die
eine Fliege
trägt?

Wie viele
schwarze
Fledermäuse
kannst du
zählen?

Welcher Wolf ist ganz müde?

Entdeckst du den Wolf mit den lila Augen?

Siehst du den Wolf, der eine weiße Pfote hat?

Wie viele Wölfe tragen Augenklappen?

59

Kannst du den Bären sehen, der eine Banane frisst?

Wie viele Bären stehen auf zwei Beinen?

Wie viele Bären tragen eine Sonnenbrille?

Einer der Bären balanciert auf einem Bein. Kannst du ihn entdecken?

61

Finde den Dachs mit dem weißen Kopf.

Ein Dachs läuft in die falsche Richtung! Welcher ist es?

Siehst du auf dieser Seite ein verstecktes Stinktier?

Zähle die Dachse, die eine Brille tragen.

Wie viele
Eichhörnchen haben
leckere Nüsse?

Kannst du das Eich-
hörnchen entdecken,
das eine Schleife am
Schwanz hat?

Welches ist
das winzigste
Eichhörnchen?

Finde das
Streifenhörnchen,
das sich unter den
Eichhörnchen
verbirgt.

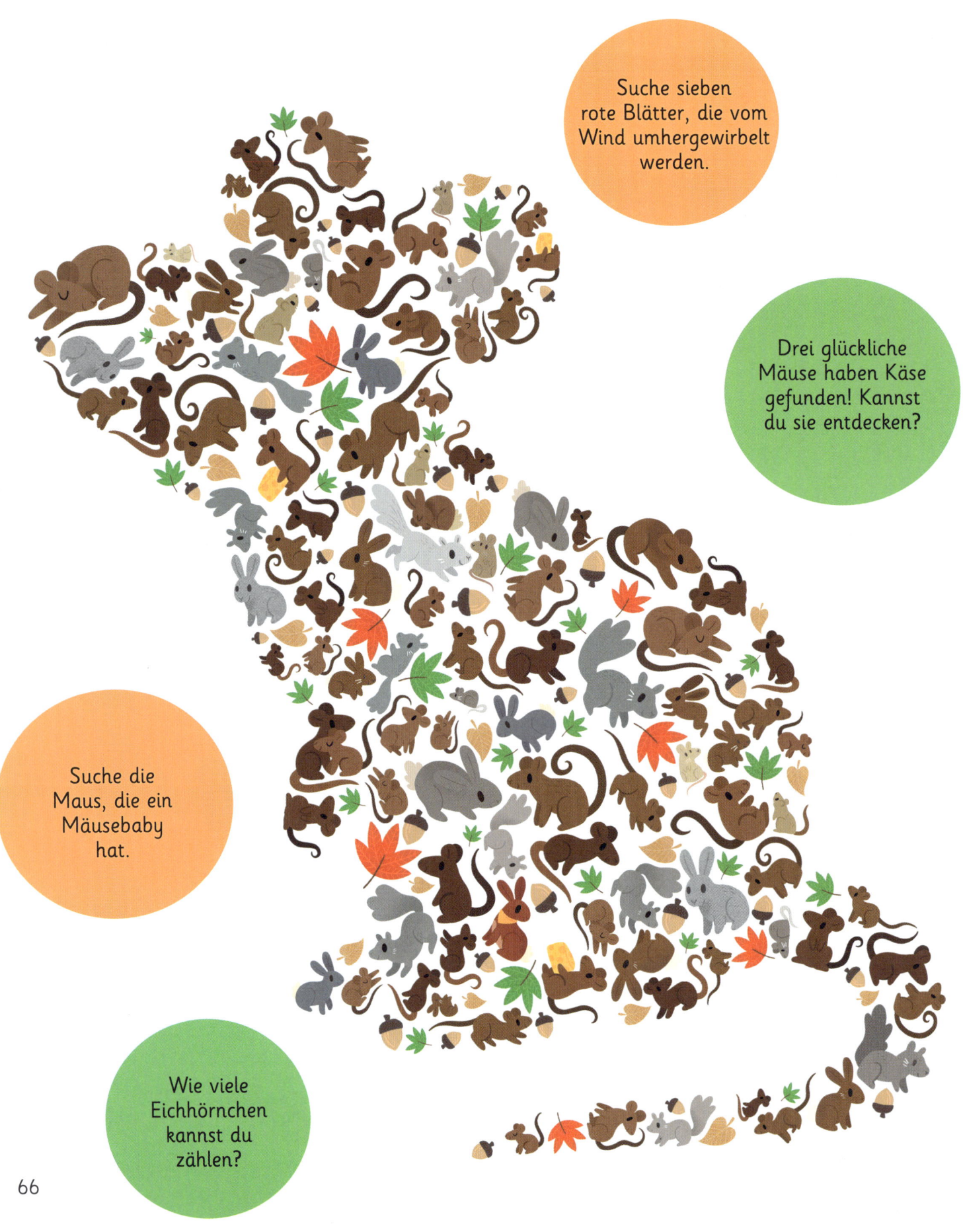

Suche sieben rote Blätter, die vom Wind umhergewirbelt werden.

Drei glückliche Mäuse haben Käse gefunden! Kannst du sie entdecken?

Suche die Maus, die ein Mäusebaby hat.

Wie viele Eichhörnchen kannst du zählen?

Male drei Blumen gelb an.

Welcher Otter trägt eine Schwimmbrille?

Kannst du den Fuchs entdecken, der seiner Freundin Blumen schenkt?

Wie viele Blumen haben vier Blütenblätter?

67

Welches Stinktier liest ein Buch?

Finde das Stinktier mit dem rosa Streifen im Schwanz.

Wie viele Stinktiere auf dieser Seite schauen nach links?

Finde das Stinktier, das Duft sprüht.

69

In diesem Bild sind drei Clownfische in Orange und Schwarz. Findest du sie alle?

Kannst du die kleine Otterfamilie entdecken?

Wie viele Mäuse haben geschlossene Augen?

Suche die beiden Enten mit den blauen Füßen.

Welche beiden Käfer haben die meisten Punkte?

Ein Käfer hat ein Muster, das kein zweiter Käfer hat. Kannst du ihn finden?

Welcher Käfer ist tatsächlich eine verkleidete Spinne?

Welcher Käfer trägt eine Sonnenbrille?

Lösungen

⭐ Der auf jeder Seite versteckte Hase Hoppel

Seite 5

- 🔴 24 Eicheln
- 🔵 Drei Rotkehlchen
- 🟠 Tier, das tief und fest schläft
- 🟢 Sechs Eichhörnchen

Seite 8

- 🔴 Schmetterling mit unterschiedlichen Flügeln
- 🔵 Schmetterling mit Rucksack
- 🟠 Flügel mit Sternen
- 🟢 Drei Schmetterlinge mit dem gleichen Muster

Seite 3

- 🔴 Sechs Spinnen
- 🔵 Neun Libellen
- 🟠 Drei schlafende Eulenbabys
- 🟢 Specht mit Schutzhelm

Seite 6

- 🔴 Acht Eulen sitzen auf den Ästen
- 🔵 Fünf Eulen mit gelben Augen
- 🟠 Eule, die sich an ihr Küken schmiegt
- 🟢 28 Eulen fliegen

Seite 9

- 🔴 Vier blaue Libellen
- 🔵 Frosch mit Mittagessen
- 🟠 Vogel, der unter Wasser taucht
- 🟢 Schlange im Schilf

Seite 4

- 🔴 Fünf Hirsche mit roten Backen
- 🔵 Der kleinste Hirsch
- 🟠 Hirsch mit Leckerbissen
- 🟢 Hirsch, der Musik hört

Seite 7

- 🔴 Fünf Eichhörnchen
- 🔵 Acht Igel
- 🟠 Drei rosa Kaninchen
- 🟢 Sechs Siebenschläfer

Seite 10

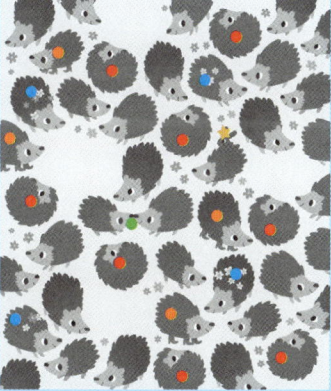

- 🔴 Acht zur Kugel aufgerollte Igel
- 🔵 Vier Igel mit Blumen
- 🟠 Vier Igel mit Stiefeln
- 🟢 Die beiden besten Freunde

Seite 11

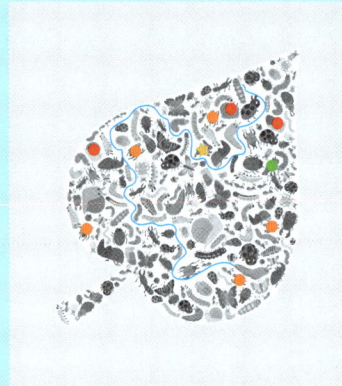

- 🔴 Drei Schnecken mit blauem Schneckenhaus
- 🔵 Schneckenspur
- 🟠 Fünf Spinnen
- 🟢 Lila Raupe

Seite 12

- 🔴 Nest mit den meisten Eiern
- 🔵 Sechs Rotkehlchen
- 🟠 Der kleinste Vogel
- 🟢 Specht mit Bohrmaschine

Seite 13

- 🔴 Bär, der seine Beeren teilt
- 🔵 Zwei junge Bären essen Kuchen
- 🟠 Dachs
- 🟢 Drei Bären mit Fliege

Seite 14

- 🔴 Frosch mit Regenschirm
- 🔵 Kröte mit blauen Augen
- 🟠 Vier gleiche Paare
- 🟢 Vier springende Kröten

Seite 15

- 🔴 Fünf Vielfraße
- 🔵 Wolf mit grünen Augen
- 🟠 Neun zusammengerollte Füchse
- 🟢 Wolfsmutter mit Jungen

Seite 16

- 🔴 Zwei Hasen, die Klee futtern
- 🔵 Hase, der in seinem Bau verschwindet
- 🟠 Hasenmädchen, das eine Nachricht schreibt
- 🟢 Dösender Hase

Seite 17

- 🔴 Zwei gleiche Fliegenpilze
- 🔵 Drei Waschbären
- 🟠 Drei Bienchen
- 🟢 Zuhause der Fee

Seite 18

- 🔴 Sieben schlafende Fledermäuse
- 🔵 Fledermaus, die ihren Hut verloren hat
- 🟠 Fledermaus mit grünen Augen
- 🟢 Fledermaus, die gleich schwimmen geht

Seite 19

- 🔴 Fünf kuschelnde Streifenhörnchenpaare
- 🔵 Stinktier mit ungewöhnlichem Schwanz
- 🟠 Drei joggende Dachse
- 🟢 Waschbär mit Socken

Seite 20

- 🔴 Sieben Bienen auf einer Blume
- 🔵 Fünf Wespen mit grünen Fühlern
- 🟠 Biene mit Honigtopf
- 🟢 Zwei gleiche Wespen

Seite 21

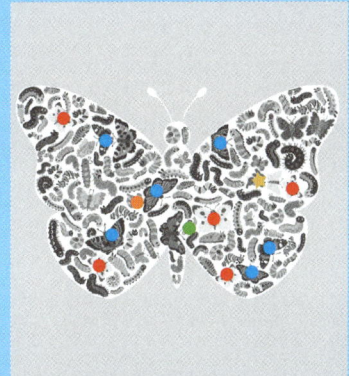

- 🔴 Fünf Kohlweißlinge
- 🔵 Drei Schmetterlingspaare mit jeweils gleichem Muster
- 🟠 Raupe mit Schal
- 🟢 Raupe, die ein Blatt frisst

Seite 22

- 🔴 Schnecke, die sich an ihr Baby kuschelt
- 🔵 Vier Schnecken mit Hüten

Seite 23

- 🔴 Eichhörnchen mit den meisten Eicheln
- 🔵 Acht grüne Blätter
- 🟠 Maus, die in einem Pilz wohnt
- 🟢 17 Eichhörnchen

Seite 24

- 🔴 Fuchs in schicker Jacke
- 🔵 Drei Fuchskinder
- 🟠 Füchsin mit scheuem Jungen
- 🟢 Dackel

Seite 25

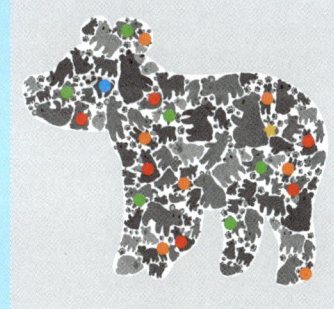

- 🔴 Sechs Bären mit einem Fisch
- 🔵 Pandabär
- 🟠 Sieben schwarze Bären, die stehen
- 🟢 Sechs braune Bären, die rennen

Seite 26

- 🔴 Streifenhörnchen mit Eiswaffel
- 🔵 Streifenhörnchen mit dem längsten Schwanz
- 🟠 Streifenhörnchen, die Fangen spielen
- 🟢 Zwölf Streifenhörnchen mit Nüssen

Seite 27

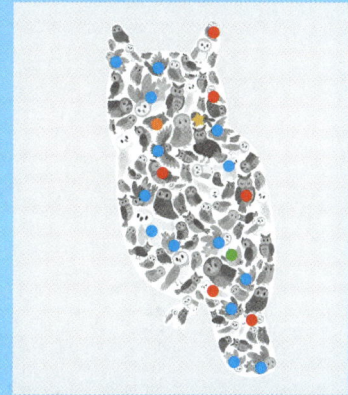

- 🔴 Sechs Eulen mit geschlossenen Augen
- 🔵 14 Eulen fliegen
- 🟠 Eule mit grünen Augen
- 🟢 Taube

Seite 28

- 🔴 Maus, die sich versteckt
- 🔵 Zwei Mäuse mit den gleichen Blättern
- 🟠 Sechs Mäuse mit leckeren Nüssen

Seite 29

- 🔴 Fünf blaue Gänseblümchen
- 🔵 Zwei Hasen mit Blumenkränzen
- 🟠 Maus, die sich versteckt
- 🟢 Sieben Bienen auf Blumen

Seite 30

- 🔴 Spinne mit dem größten Netz
- 🔵 Spinne mit Punkten auf dem Rücken
- 🟠 Neun Netze
- 🟢 Spinne mit Rollschuhen

Seite 31

- 🔴 Vier Wölfe mit weißem Schwanz
- 🔵 Zwei Füchse, die Rücken an Rücken sitzen
- 🟠 Zehn Kojoten
- 🟢 Acht heulende Wölfe
- 🟣 Drei heulende Kojoten

Seite 32

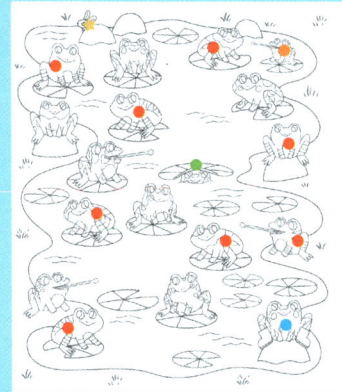

- 🔴 Acht Frösche mit Streifen
- 🔵 Frosch mit Gummistiefeln
- 🟠 Der kleinste Frosch
- 🟢 Der Frosch, der sich versteckt

Seite 33

- 🔴 Sternschnuppe
- 🔵 Fünf Häschen sind eingeschlafen
- 🟠 Fuchs mit Schal
- 🟢 Waschbären, die „Schwänzchen halten"

Seite 34

- 🔴 Hirsch, der in die falsche Richtung rennt
- 🔵 Fünf Hirsche mit weißen Hufen
- 🟠 Drei Hirsche mit Punkten auf dem Rücken
- 🟢 Als Pirat verkleideter Hirsch

Seite 35

- 🔴 Vogel mit blauen Augen
- 🔵 Adler mit braunem Kopf und weißem Körper
- 🟠 Neun Vögel fliegen nicht
- 🟢 Die versteckte Maus

Seite 36

- 🔴 Eichhörnchen mit Blumenkranz
- 🔵 Drei Eichhörnchen, die Schmetterlinge jagen
- 🟠 Vier Eichhörnchen mit Eicheln

Seite 37

- 🔴 Hasenbaby und Fuchskind
- 🔵 Die beiden verlorenen Bärenjungen
- 🟠 Küken im Versteck
- 🟢 Waschbärkind, das ein Schläfchen hält

Seite 38

- 🔴 Fünf Fische pusten Blasen
- 🔵 Acht Fische schwimmen gegen den Strom
- 🟠 Lachs mit blauen Streifen
- 🟢 Fisch mit Schwimmflügeln

Seite 39

- 🔴 Drei Käfer mit jeweils drei Punkten
- 🔵 Fünf schlummernde Mäuse
- 🟠 Grüner Pilz
- 🟢 Zwei Pilze mit Sternen

Seite 40

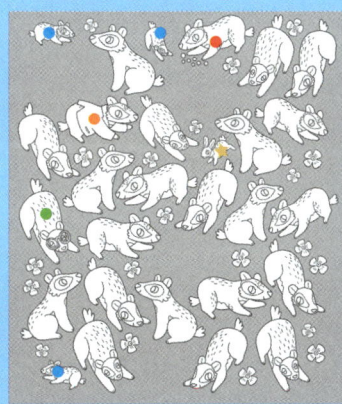

- 🔴 Dachs mit Beeren
- 🔵 Drei Dachsjunge
- 🟠 Schick angezogener Dachs
- 🟢 Dachs mit Brille

Seite 41

- 🔴 Sechs Hasen beim Eislaufen
- 🔵 Zehn Eiszapfen
- 🟠 Zwei Bären mit der gleichen Mütze
- 🟢 Vier Schneemäuse

Seite 42

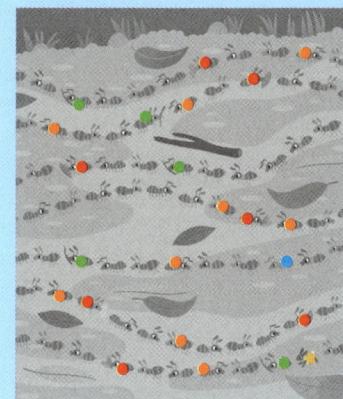

- 🔴 Sieben Ameisen tragen Blätter
- 🔵 Grüne Ameise
- 🟠 Neun Ameisen gehen in die Gegenrichtung
- 🟢 Fünf Ameisen mit Zweigen

Seite 43

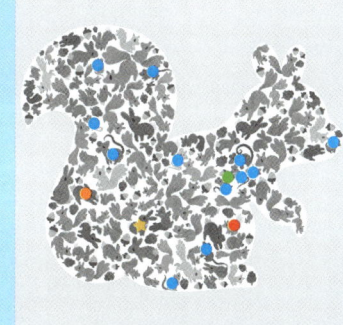

- 🔴 Eichhörnchen mit sehr hellem Schwanz
- 🔵 Zwölf Mäuse
- 🟠 Häschen mit gestohlener Eichel
- 🟢 Mäuse, die Karten spielen

Seite 44

- 🔴 Fünf Schmetterlinge mit lila Punkten
- 🔵 Schmetterling mit blauen Fühlern
- 🟠 Der kleinste Schmetterling
- 🟢 Elf Schmetterlinge mit geschlossenen Flügeln

Seite 45

- 🔴 Eichhörnchen, das Ukulele spielt
- 🔵 Maus zwischen Gänseblümchen
- 🟠 Sieben gelbe Tulpen
- 🟢 Hase mit Glockenblumenstrauß

Seite 46

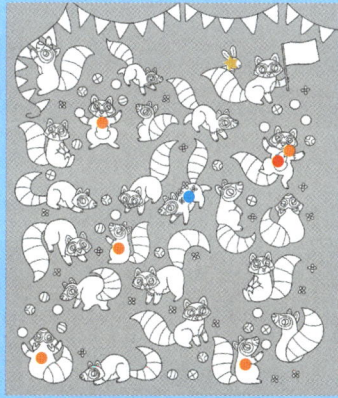

- 🔴 Waschbär auf einem Bein
- 🔵 Waschbär mit Blumen im Fell
- 🟠 Fünf Waschbären jonglieren

Seite 47

- 🔴 Küken im Einteiler
- 🔵 Drei hungrige Küken
- 🟠 Rotkehlchen mit Wurm
- 🟢 Elf blaue Eier

Seite 48

- 🔴 Sechs schwarz-weiße Hasen
- 🔵 Drei Hasen fressen Karotten
- 🟠 Hase im Kopfstand
- 🟢 Zehn Häschen sind braun

Seite 49

- 🔴 Biene mit Punkten
- 🔵 Acht Wespen sitzen auf Marmelade
- 🟠 Biene, die auf einer Blume schlummert
- 🟢 Gelb-weiß gestreifte Hornisse

Seite 50

- 🔴 Der größte Fisch
- 🔵 Fisch, der entgegengesetzt schwimmt
- 🟠 Fisch mit Herz auf dem Rücken

Seite 51

- 🔴 Sechs Otter schwimmen
- 🔵 Vier Tiere tragen eine Sonnenbrille
- 🟠 Eichhörnchen, das mit Strohhalm trinkt
- 🟢 Maus, die sich hinter einer Blume versteckt

Seite 52

- 🔴 Vier Adler mit schwarzen Schnäbeln
- 🔵 Vogel mit dem Kopf nach unten
- 🟠 Vogel mit blauen Krallen
- 🟢 Drachenflieger

Seite 53

- 🔴 Neun Hirsche stehen auf den Hinterbeinen
- 🔵 13 Hirsche ohne Geweih
- 🟠 Hirsch, der Musik hört
- 🟢 Versteckter Hase

Seite 54

- 🔴 Fünf Bienen mit Honigtöpfen
- 🔵 Biene, die ihre Streifen verloren hat
- 🟠 Zimmermannsbiene, die einen Schuppen baut

Seite 55

- 🔴 Acht Schmetterlinge ohne Punkte
- 🔵 Drei Schmetterlinge, die schlüpfen
- 🟠 Raupe mit lila Punkten
- 🟢 Schmetterling, der in einen Spiegel schaut

Seite 56

- 🔴 Sieben Waschbären tragen eine Brille
- 🔵 Sechs Waschbären zwinkern
- 🟠 Vier Waschbären, die nach oben schauen
- 🟢 Neun Waschbären, die ihre Zunge herausstrecken

Seite 57

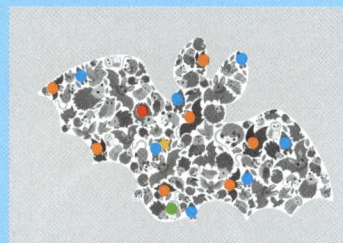

- 🔴 Igel mit Stiefeln
- 🔵 Sieben Fledermäuse, die kopfüber hängen
- 🟠 Sieben schwarze Fledermäuse
- 🟢 Eule mit Fliege

Seite 58

- 🔴 Schwan, der nach Nahrung taucht
- 🔵 Vier Otter spielen am Flussufer
- 🟠 Sechs Entenküken folgen ihrer Mutter
- 🟢 Otter, die sich an den Pfoten halten

Seite 59

- 🔴 Müder Wolf
- 🔵 Wolf mit lila Augen
- 🟠 Fünf Wölfe tragen Augenklappen
- 🟢 Wolf mit einer weißen Pfote

Seite 60

- 🔴 Der Specht hängt die Wimpelschnur auf
- 🔵 Fuchs, der die Gänseblümchenkette macht
- 🟠 Drei Hasen pflücken Löwenzahn
- 🟢 Der versteckte Vogel ist ein Rotkehlchen

Seite 61

- 🔴 Bär, der eine Banane frisst
- 🔵 Bär, der auf einem Bein balanciert
- 🟠 Fünf Bären tragen eine Sonnenbrille
- 🟢 Vier Bären stehen auf zwei Beinen

Seite 62

- 🔴 Ein Eichhörnchen klettert die Leiter hoch
- 🔵 Maus mit den meisten Beeren
- 🟠 Amsel mit einer Beere im Schnabel
- 🟢 Sechs Eichhörnchen verstecken sich

Seite 63

- 🔴 Dachs mit weißem Kopf
- 🔵 Dachs, der in die falsche Richtung läuft
- 🟠 Verstecktes Stinktier
- 🟢 Sechs Dachse tragen eine Brille

Seite 64

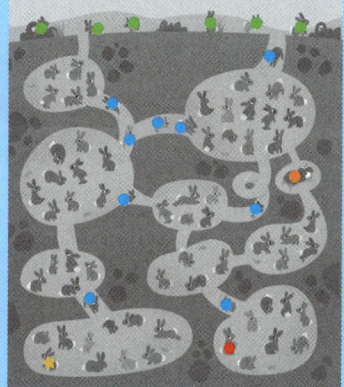

- 🔴 Kaninchen mit Karotten
- 🔵 Neun Kaninchen rennen durch die Tunnel
- 🟠 Kaninchen im Bett
- 🟢 Sechs Kaninchen sind über der Erde

Seite 65

- 🔴 Zwölf Eichhörnchen haben Nüsse
- 🔵 Eichhörnchen mit Schleife
- 🟠 Das winzigste Eichhörnchen
- 🟢 Streifenhörnchen unter den Eichhörnchen

Seite 66

- 🔴 Sieben umhergewirbelte Blätter
- 🔵 Drei Mäuse mit Käse
- 🟠 Maus mit Baby
- 🟢 Elf Eichhörnchen

Seite 67

- 🔴 Otter mit Schwimmbrille
- 🔵 Fuchs, der seiner Freundin Blumen schenkt
- 🟠 Zwölf Blumen mit vier Blütenblättern

Seite 68

- 🔴 Vier Vögel sitzen auf dem Hirschgeweih
- 🔵 Früher Vogel mit Wurm
- 🟠 Malendes Eichhörnchen
- 🟢 Neun Tiere schlafen noch

Seite 69

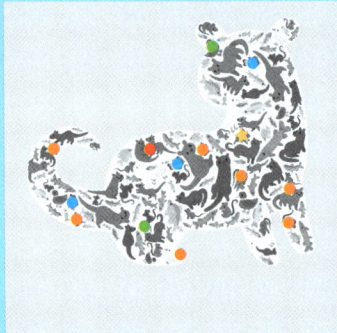

- 🔴 Stinktier mit rosa Streifen
- 🔵 Stinktier, das liest
- 🟠 Fünf Stinktiere schauen nach links
- 🟢 Stinktier, das Duft sprüht

Seite 70

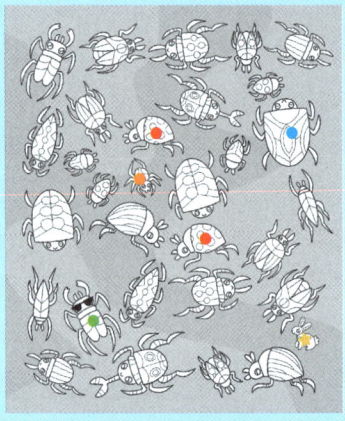

- 🔴 Otterfamilie
- 🔵 Drei Clownfische
- 🟠 Sieben Mäuse mit geschlossenen Augen
- 🟢 Zwei Enten mit blauen Füßen

Seite 71

- 🔴 Käfer mit den meisten Punkten
- 🔵 Käfer mit einmaligem Muster
- 🟠 Verkleidete Spinne
- 🟢 Käfer mit Sonnenbrille

Seite 72

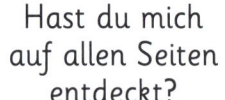

- 🔴 Verlorenes Fuchsbaby
- 🔵 Vogelpapa mit den meisten Würmern
- 🟠 Drei Babys mit kuscheligen Decken
- 🟢 Sieben schlafende Babys

Hast du mich auf allen Seiten entdeckt?